Au secours, Yuri!

Texte de Peter Bently
Illustrations de Martha Lightfoot
Traduction de Marie-Josée Brière

Bayard
CANADA

Yuri la souris **participe**
à une course avec son camion monstre.

Yuri enfile sa combinaison résistante au feu
et met son casque de **sécurité**. Il vérifie ensuite
la suspension et les pneus **géants** de son camion.

« La course à obstacles
va bientôt commencer ! »
dit le juge de départ.

Yuri grimpe dans la cage du pilote.
Il attache son **harnais de sécurité**
et fait démarrer le moteur de son camion.

Yuri entre dans le stade avec son camion et se met en place pour la course. Il fait **rugir** son moteur.

« À vos marques ! Prêts ! Partez ! » crie le juge de départ. BANG ! Un coup de pistolet se fait entendre. Le camion s'élance !

Le camion monstre **file** sur la piste.

Il **saute** facilement par-dessus une pile d'autos.

« Youpi ! » s'écrie Yuri.

Yuri et son camion **aplatissent**
un vieil autobus comme une crêpe.

Ils s'**attaquent** ensuite à une file de caravanes.

HOURRA !

Pour finir, Yuri soulève
l'avant de son camion
et **franchit** la ligne
d'arrivée sur deux roues.

Il a gagné la course !

Yuri rentre à la **maison** avec son prix.

Mais une voiture de police et un camion de pompiers **bloquent** la route.

Le pont a été **détruit** par une avalanche, et une grimpeuse est restée coincée dans la montagne.

L'hélicoptère de secours **arrive**...

... mais il est incapable de se poser à cause du vent.
« Comment allons-nous pouvoir **secourir** la grimpeuse ? »
demande le chef des pompiers.

« Pas de problème ! » répond Yuri.

« Le camion monstre va aller la chercher ! »

Le camion **grimpe** dans la montagne.
Il **passe** sur d'énormes roches.

Yuri **traverse** une rivière profonde. Grâce aux roues géantes de son camion, il est bien au sec et en sécurité.

Le camion **rejoint** la grimpeuse.
Yuri l'**aide** doucement à descendre.

Mais le temps **se gâte**.
C'est impossible de retourner par le même chemin.

Vite, le camion redescend la montagne.
Il arrive au pont qui a été **détruit** par l'avalanche.

Yuri **sait** ce qu'il a à faire…

Il **recule**, change de vitesse,
puis enfonce l'accélérateur.

Le moteur **gronde**, les roues mordent la surface,
et le camion bondit vers l'avant.

Le camion s'envole au-dessus de la rivière...

... et atterrit facilement de l'autre côté.

«Merci de m'avoir **secourue** ! »
dit la grimpeuse.

Tout le monde **félicite** Yuri.

« Il faut aussi remercier
mon camion monstre ! » dit Yuri en souriant.

Un coup d'œil sur le **camion monstre**

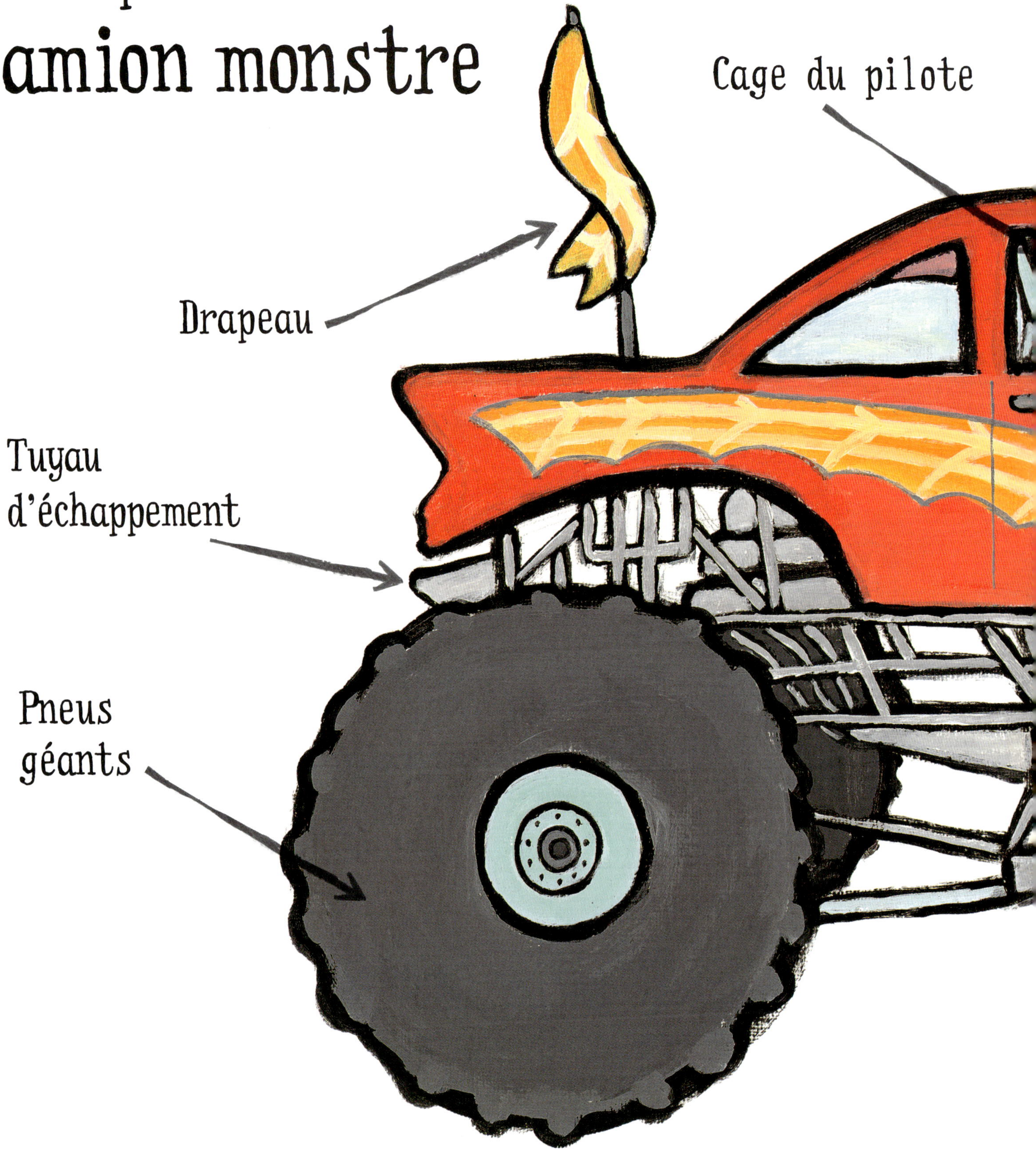

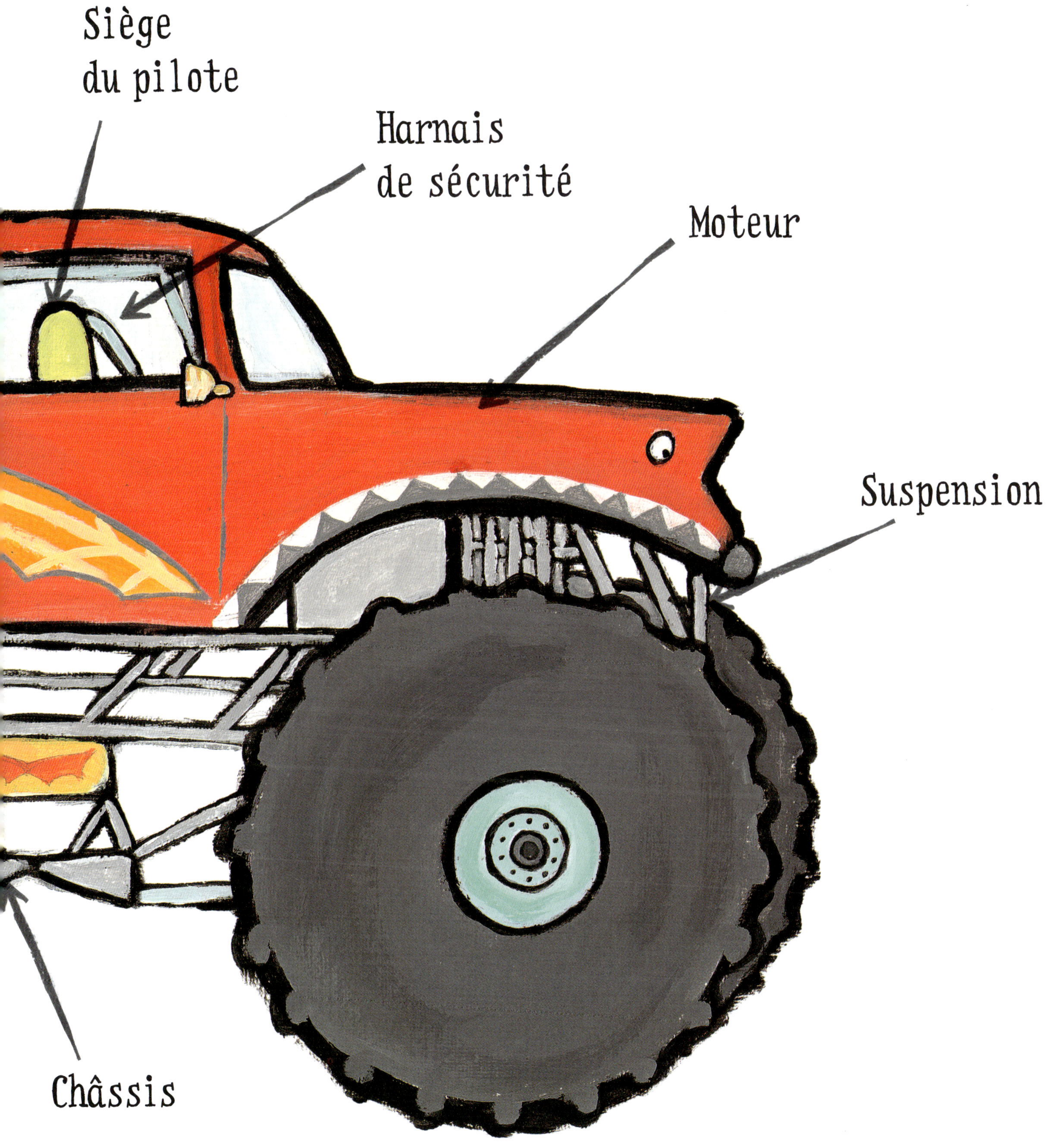
Siège
du pilote
Harnais
de sécurité
Moteur
Suspension
Châssis

D'autres véhicules monstres

Auto monstre

Moto monstre

Autobus monstre

Pour mes chers frères, Tobin et Luke. M. L.

Pour Eli. P. B.

Catalogage avant publication de Bibliothèque et Archives nationales du Québec
et Bibliothèque et Archives Canada

Bently, Peter, 1960-

[Monster Truck mountain rescue. Français]

Au secours, Yuri!

(Raton laveur)
(Les petites roues)
Traduction de: Monster Truck mountain rescue.
Pour enfants de 3 ans et plus.

ISBN 978-2-89579-608-4

I. Lightfoot, Martha. II. Brière, Marie-Josée. III. Titre. IV. Titre: Monster
Truck mountain rescue. Français. V. Collection: Raton laveur (Bayard (Firme)).

PZ23.B4574Au 2014 j823'.92 C2014-940838-2

Titre original: *Monster Truck Mountain Rescue* de Peter Bently (ISBN 978-1-78171-092-0)

Conception graphique: Plum5 Limited

Direction éditoriale: Maxime P. Bélanger, Gilda Routy
Traduction: Marie-Josée Brière
Mise en pages: Danielle Dugal

Nous reconnaissons l'aide financière du gouvernement du Canada
par l'entremise du Fonds du livre du Canada (FLC) pour des activités
de développement de notre entreprise.

Conseil des Arts du Canada — Canada Council for the Arts

Bayard Canada Livres inc. remercie le Conseil des Arts du Canada du soutien
accordé à son programme d'édition dans le cadre du Programme des
subventions globales aux éditeurs.

Cet ouvrage a été publié avec le soutien de la SODEC. Gouvernement
du Québec - Programme de crédit d'impôt pour l'édition de livres -
Gestion SODEC.

Bayard Canada Livres
4475, rue Frontenac, Montréal (Québec) Canada H2H 2S2
Téléphone: 514 844-2111 ou 1 866 844-2111
edition@bayardcanada.com
bayardlivres.ca

Imprimé en Chine